Allgäuerisch    -    Hochdeutsch

Wörterbuch
Verstoosch mi??
Die Allgäuer jetzt verstehn
Redensarten und Brauchtum

Von Gabriele Lackner

Hosch scho gwisst??
Wissen sie es schon??

Herstellung und Verlag:
BoD – Books on Demand
ISBN 978-3-8482-1633-8

Miar gent in d Bollediehle nauf, häsen anand aus,
dunt nackat lakla, und beim na gong pass ma auf, dass
ma it in ne Klumse nei fallat

Wir gehen zusammen auf den Dachboden, ziehen uns
gegenseitig aus, und machen blödsinn. Danach gehen wir
wieder vorsichtig runter ohne hinfallen

Ma seit uf Hochdeitsch klingts supr.
Italienisch deats guat
uf Englisch do isch alls an Hit.
Doch schwetzt hald so wie bei is umanand.
Verstoosch au oh öfters mol was

Man sagt, Hochdeutsch würde besser klingen.
Auch Italienisch wär gut
und Englisch gar der Hit.
Doch spricht halt so wie bei uns üblich
dann verstehst du auch öfter mal was

Wie man mit einem Allgäuer umgehen sollte,

hüten sie sich einen Allgäuer Schwabe zu nennen. Ein
Allgäuer ist ein Allgäuer. Zu solchen Nachbarn hat der
Allgäuer nicht so ein gutes Verhältnis. Das liegt daran,
dass viele aus Stuttgart und Umgebung im Allgäu eine
Ferienwohnung gekauft haben, und der schwäbische
Dialekt etwas Bauchweh erzeugt.
Setzen sie sich niemals einfach unerlaubt in einer
Bauernkneipe an einem Stammtisch. Das kostet erstmal
eine Runde, und unglaubliche Geschichten gibt's dann zu
hören.
Fragt man aber eine Allgäuer (Bauer) über Kühe oder
Käse, ja dann wird das Gespräch lang. Überhaupt hört
der Allgäuer gerne positives über sein geliebtes Allgäu.
Aber gar nicht mag er, wenn ein Urlauber mit Lederhose,
kariertem Hemd und roten Socken kommt.
Und auch noch kaum laufen kann in viel zu großen
Haferl-Schuhen.

Allgäuerisch ist eine Umgangsprache, und es gibt
verschiedene Dialekte. Es kommt aus dem
Alemannischen und ist je nach Region nahe mit dem
Vorarlbergischen und dem Oberschwäbisch verwandt.


Benützte Quellen
Internet, und danke an meinen Freundeskreis und
Arbeitskollegen für die Wörtersammlungen.

**Ein paar Brocken Allgäuerisch fördern die Verständigung: viel Spaß nun beim Lernen!**

| Allgäuerisch | Hochdeutsch |
|---|---|
| **A** | |
| a | ein eine |
| aamache | Begehren erwecken |
| aalange | anfassen, berühren |
| aahne | ei, ach, oh je! |
| a bissle, bizzle | ein bißchen |
| a weng | ein bisschen, ein wenig, etwas |
| Aaft`rmätag | Dienstag |
| a nanna na | die ganze Länge |
| abar | herunter |
| abb | abgebrochen, entzwei |
| aber, oper | schneefrei |
| abe | hinunter |
| abhöldeg | steil abfallend |
| Abwîche | Durchfall |
| adör | anhänglich, lieblich |
| agleagele | bei passender Gelegenheit |
| ahebe | bereits, schon |
| Ahäfle | außerehelich ein Kind zeugen |
| Ahäsen | anziehen |
| Ah'le | Liebkosung von Kindern |
| Ahle | Küsschen |

# A

| | |
|---|---|
| Ähmele | Babyfläschchen |
| Ähne | Großvater |
| Ahnden | Heimweh haben |
| ahne pfjötteslölö | herjeh, ach du lieber Gott! |
| Aicher | Eichhörnchen |
| Ais | fetter Pickel |
| allad, allat, allbod | immer |
| altgoddesch | altmodisch |
| alui | allein |
| aluine | anlehnen |
| amend | etwa gar |
| amol | einmal - sag mal |
| Anderl | Andreas |
| Äpfelblüemle | Kamille |
| Argei | Entgegenkommen |
| atör adir | anlehnen, anhänglich |
| ausliche | ausschwenken |
| aufhausig | verschwenderisch |
| aweck | weg |

Erklärung: das e am Ende eines Wortes wird häufig wie
das "th" bei "the" ausgesprochen
d = Mehrzahl, d Schputtla
d´r, s = Einzahl, d´r Bua, s Mädle

It g'schumpfe isch gnua globet

Wenn man nichts sagt, ist schon genug Lob
ausgesprochen

# B

| | |
|---|---|
| b`schnodde | eng, knapp |
| b`sengt | leicht angebrannt |
| baaliise | flaches Stemmeisen |
| Bäare | Kasten Schubkarren |
| Babel, Baabl, Babl | Puppe |
| Babbadeggel | Karton |
| Bache | backen |
| Bachele | kleine, dumme Person |
| Bacheschtuinar | Backsteinkäse |
| Baddenge | Schlüsselblumen |
| Badder | Rosenkranz |
| Bädderle | durchlöchertes Kügelchen |
| Bäe | anrösten |
| bägere | unablässig bitten |
| Balg | Kinder; Mehrzahl: Bälg(er); |
| Bahne | Schnee räumen |
| Bandlstüehle | kleiner Webstuhl |
| Baneter | Barometer |

# B

| | |
|---|---|
| Bängel | dicker Knüppel |
| Bapf, Bapfi | Schnuller |
| Bäradreck | Lakritze |
| Bärbele, | verkleidete Frau |
| bauchpinsle | schön tun |
| bälze | hart im nehmen |
| Basch | Seifenlauge zum Waschen |
| Bäschtler | Bastler |
| Bätänge | Schlüsselblume |
| bätschnass | klatschnass |
| Batze | Klumpen aus weicher Masse |
| bbuure | als Bauer arbeiten |
| Beasama | Besen |
| Beasmälar | böse Menschen |
| Beatnoggel | Betschwester |
| Beigen | aufschichten (rumbeigen) |
| Beig | aufgeschichteter (Holz)Stapel |
| Beis | Juckreiz |
| belder | schneller |
| beffzge | bellen, kläffen |
| bei iis | bei uns |
| belze | gefühllos |
| berse | grantig, mißmutig, nervös |
| Bettseucherle | Kind im Windelalter |
| Biara, Bire | Birne |

# B

| | |
|---|---|
| Bierazelta | Birnenbrot |
| Bierfilzle | Bierdeckel, Untersetzer |
| Bierling | Haufen halbdürren Grases |
| Biibele, Biebele | Kücken |
| Biibbar | Penis |
| Bil, Biel | Zahnkiefer |
| Bilmes | Kopf |
| Binggl | Wanderbündel der Dienstboten |
| Birnd | (Streu) Obstwiese |
| Bissle | wenig |
| Bittelfreasser | geiziger Tourist |
| Blach | Teppich |
| Blahe | große Decke |
| blange | mit Sehnsucht erfüllen |
| bläre | weinen |
| Blärhafe | einer wo viel weint |
| Bläß | weißer Fleck auf der Stirn der Tiere |
| Bleatz | Fleck, kleine Fläche |
| bleatzwîs | stellenweise |
| Bleebe | Hämatom, Bluterguss |
| bleie | blühen |
| Bloter, Bloaddra, Bloater | Blase mit Wundwasser |
| blubbra | heftig kochen |

# B

| | |
|---|---|
| bludd | unbedeckt, kahl |
| Bluescht | Blütezeit |
| boale | Kater |
| Boarkirche | Kirchenempore |
| Boatsche | Hausschuh |
| Bockspitz | dickes Wienerle |
| bode | ziemlich |
| Bodebiere | Kartoffel |
| Bohle | Kater |
| Boiz | Lust, Kraft |
| Bolle | Etwas Rundes halt |
| bölle | weinen |
| Bollediehle | Dachboden |
| Bollekarre | Mistwagen |
| Bollewiser | Zugrechen |
| Boscha | Boschen, Busch, Strauch |
| Bombele | wackeln |
| Bomm | Baum |
| Bone | Dachboden |
| Boter | Rosenkranz |
| Bosse | fester (hoher) Schuh |
| Bozener | dicke Lodenmäntel für Männer |
| Breamseg | aufdringlich, nervös |
| Breazgemaart | Geschwafel |
| Brema | Brombeeren (auch: Bremsen) |
| Brenne | Mehlschwitze |

# B

| | |
|---|---|
| Brennta | niederes, breites hölzernes Gefäß |
| brenntele | angebrannt riechen |
| Brennter | Brennsuppe aus Musmehl |
| brettlebroit | ganz behäbig |
| briegge, briagge | weinen |
| brießle | maulen |
| Briegel | Holzscheit |
| Brite | große, sich ausbreitende Fläche |
| Brocke | pflücken |
| brogle | prahlen; Hauptwort: Brogler |
| Brotlad | Schublade Mund |
| Bruatl | Bruthenne |
| bruttle | meckern |
| brunze | urinieren |
| brupft | beleidigt |
| Bruslate | viele junge Tiere |
| bruslet (voll) | mit kleinen Sachen voll |
| bschieße | hinreichen, ausreichen |
| Bschiß | Betrug |
| bschiiße | betrogen worden |
| Bschniedesel | Gestell zum Holzbearbeiten |
| Bschnotte | knapp, spärlich ('beschnitten') |

# B

| | |
|---|---|
| bschosse | schlagfertig, geistesgegenwärtig |
| Bschütte | Gülle |
| Bua, | Bube, Buebe Junge (EZ, MZ) |
| Bubutz | Nabel, Bauchnapf |
| Bugrad | Bett |
| Bugrate | Schlaflagerstätte in Alpen |
| Bui | Knochen |
| Buia | hart, abgebrüht |
| buiener Siach | wilder Typ |
| buineg | mager |
| Buinerhüfe | magersüchtiges Mädchen |
| bujazzle | Unsinn machen |
| Bummer | Kosename für 'Hund' |
| Bumplflickar | Frauenarzt |
| Busler | Kälbchen |

Büstmill das ist die erste Milch der Mutterkuh mit der man das Kälbchen trinken lässt

Butz Pest-Figur aus dem Fasznetdienstag in Oberstaufen

| | |
|---|---|
| Butze | Kernhaus vom Kernobst |
| Butzele, Buzzele | kleines Kind |
| Buubutz | Bauchnabel |

des hom mir allat scho so dong - des war allat scho so

Das war schon immer so, das braucht man nicht zu ändern!

ma ka 's so lohng

man kann es so lassen

Dir zoig i no, wo dr Bartl de Most holt.

Ich zeige dir, wo es lang geht.

A so a gschwollanes Gschwätz

So ein übertriebenes Gerede

# D

| | |
|---|---|
| d`rno | nachmittags |
| d`rvoar | vormittags |
| Daas | Tannenzweige |
| dädderle | Zweifel, Gelüste |
| Daidda | Vater |
| dänar, däne, dänas | jener, jene, jenes |
| dandig | umständlich, empfindlich |
| Dannapicker | Specht |
| dant | unnötig, großer Aufwand |
| dappe, dappig | treten, tollpatschig |
| dasig | kleinlaut, |
| Dattemendle | Salamander, Geggo |
| Datsche | tappen, plantschen |
| Ddampes | Schwips |
| derweil, derwil | inzwischen |
| ddiche | schleichen |
| denat | drüben |
| denderle | trödeln |
| derre | rennen |
| derwiil, derwiilad | inzwischen |
| Dhah | Dach |
| Dichl, Diichel | Rohr aus Holz |
| Dichlbohrer | Brunnenbohrer |
| Dickfidlar | dicker Hintern |
| Dieche | schleichen |
| diege | gemütlich |
| dinad | drüben |
| dischkriere | miteinander reden |

# D

| | |
|---|---|
| do umanand | da herum |
| doare | donnern |
| doaset, dosaohrig | schlecht hören |
| Dochl | Schimpfname |
| Dockebabel | Puppe |
| dohterlos | jemand ohne Elan, ohne Antrieb |
| doiget | wenn der Kuchen teigig ist |
| Doldr, Dolder | Baumwipfel |
| Dolgge | Tintenklecks |
| Dudderar | Gernegroß |
| drakummed | an der Reihe sein |
| drätze | necken |
| Dreckelar | Schmutzfink |
| Dreißar, Driebelierer | Jammerer ein ungeduldiger Mensch |
| Driebe | (eine Kuhherde) treiben |
| Drickle | kleine Kiste |
| driële, driala | sabbern, kleckern |
| Drieler | Latz (auch Schimpfwort) |
| Drimsler | Rumtrödler |
| drimslig | schwindlig |
| drole | rollen, kugeln, wälzen |
| Druckleskarre | Jauchewagen |
| Dudda, Dudde | Zitzen |

# D

| | |
|---|---|
| Dulle | Vertiefung |
| dummle | Daumen, Finger, sich beeilen |
| | |
| dunda | drunten, unten |
| Dunschdag | Donnerstag |
| Durchschlag | Sieb mit Rand |
| Dûsam | kleinlaut, ängstlich |
| dussa, dusse | draußen |
| Duttagschir | BH |
| duure | bedauern |

# E

| | |
|---|---|
| eaba eben | deshalb |
| ebbas | etwas |
| ebe | glatt, eben |
| egga | Verwirrung stiften, mißlingen |
| Ebreschte, Ebristde loh | Erdloch mitGrundwasser |
| Eieschlieffeg | verliebt, zutraulich |
| eis | uns |
| Engedtöi | enge Situation |
| ergei | entgegen |
| Erdäpel | Kartoffeln |
| Euchar | Eichhörnchen |
| Eusse | Abszeß |

An bleede Grind hong

vom Trinken am nächsten Morgen Kopfweh haben

# F

| | |
|---|---|
| Fade | grad klar, unbezweifelbar |
| Fasel | Tannen |
| Fasnahtbutz | Maskierter |
| Fazinettle | Taschentuch |
| Feal | Wunde |
| Feand | voriges Jahr |
| Fearle | Ferkel |
| Fehl,Fehla,Feel,Föhl | Mädchen |
| fei | aber |
| fentschig | feucht |
| Fias, | Füsse |
| Fibbre | dumme Angewohnheit |
| Fichte | Moped Kettensäge |
| Fidle | Der Hintern |
| Fidleriisar | schwungvoller Tanz |
| Fidle-Schlieffer | Arschkriecher |
| figge | reiben |
| figgereg | unleidlich, ungehalten |
| Fille | erhöhter Gang aus Balken |
| Fillebänkle | Bank auf diesem Gang |
| Filz | Kuhweide |
| Fiörgar | Spülstein |
| Fisimadenda | Faxen |
| fixenix, fiizenietz | ganz schlecht |
| flacke | liegen (lassen) |

# F

| | |
|---|---|
| Flädle | Streifen von einem Pfannkuchen |
| flattiere | schmeicheln, schön tun |
| Flättersch | Schmetterling |
| Fleak | (Flick) Schürze |
| Fleischkiachle | Frikadelle |
| Flemsele | chneien |
| Flenne | weinen |
| Flotsche | Wassertümpel |
| Fluige | Fliege |
| Flumsel | große Schneeflocke |
| foigge | necken |
| Förgar | Ausguß |
| Fotzle | lästern |
| Fotzehobel | Mundharmonika |
| Främdele | fremde Leute fürchten |
| Fretze | abweiden |
| Frittag | Freitag |
| Frosche | Frösche fangen |
| Fueßnat | Fußende des Bettes |
| Fülle | Fohlen |
| fuira | (den Ofen) anfeuern |
| Funka-Fuir | Funkenfeuer |
| Funka-Kiachle | Schmalzgebäck |
| Funzl | schwaches Licht |
| fürbe | kehren, |
| Furke | Mistladen |
| Fürtne | Schurz |

# F

| | |
|---|---|
| Furzglemmer | Geizkragen |
| fuseleg, fotzeleg | fransiger Stoff |

# G

| | |
|---|---|
| G`frett | leichte Schwierigkeiten |
| g`schbässig | komisch |
| g`schtrimunzlet | klein gemustert |
| Gade | Schlafzimmer |
| gägge | schwanken |
| Gaggele | Ei |
| gäh jäh | steil |
| Gäwinda | zusammengewehter Schnee |
| Gaiwagen | (Pferde) Rennwagen |
| Garmuler | Wiederkäuer |

# G

| | |
|---|---|
| gatzge gacksen, | gackern |
| Gäu | das Allgäu |
| Gaudi | Spaß (haben) |
| Gaudibebbele | Brustwarzen einer Frau |
| gautsche | schaukeln |
| Gautsche, gautschen | Schaukel, hin und herschaukeln |
| Gea | geben |
| Geal | Gelb (Farbe) |
| Gealtschiissar | Goldesel |
| Geiggele | ein Kartenspiel |
| Geisgschau | in die Ferne schauen |
| Gelbfiaßler | Schwaben |
| Gelte Kübel | aus Metall |
| Geloffe | (ge)laufen |
| Gelogge | gluggern |
| Genggar | enger Weg |
| Gentar | Balkon |
| Gfrett | liebe Not |
| Ghöldet | besoffen |
| gigåmpfe | schaukeln, wippen |
| Gijtzgäbelar | Umschreibung für Teufel |
| Gimse | stöhnen |
| gimpisch (gimsig) | auf sexueller Kontaktsuche sein |
| gingge | stoßen |
| Gingger | Fußtritt |
| gîre, s'gieret | kreischend knarrend |

# G

| | |
|---|---|
| Gischpl | hyperaktives Kind |
| Gischplig | ungeschickt |
| gitzgere | quietschen |
| Gjämter | Gejammer |
| Glägele | gelegentlich |
| Glätsch | Schneematsch |
| gleuig | glühend |
| gli | gleich egal |
| glimpfig | beweglich |
| glitzgere | glitzern |
| Glitzgerpfännle | Hahnenfuß |
| Gloang | große Dame |
| Glongar | Glockenschwengel |
| Glufe, Klufe | Sicherheitsnadel |
| Glufemichel | freundliches Schimpfwort |
| Glump | Lumpen |
| Glutsch | Gelüste |
| Gluuscht | Appetit |
| Gmächt | männl. Geschlechtsteile |
| Gmerk | Gedächtnis, Gehirn |
| Gmider | Kehrricht, Abfälle |
| Gnack | Genick |
| gniegele | das Gefühl der Sättigung |
| Goggelar, Giggeler | Gockel, Hahn |
| Gogumre | Gurken |
| Golgger | Pumpbrunnen |
| Golm | Dompfaff |

# G

| | |
|---|---|
| Gölte | größerer Kübel |
| Gommar | einer, der das Haus hütet |
| gôpe | spielen, scherzen |
| Göppel | Pferdeantrieb für die Gsodmaschine |
| Gosche | Mund |
| Gotta | Patin |
| Götti | Pate |
| Gottsacker, Gotesacker | Friedhof |
| gotzig | einzig |
| Graffl | Gelumpe |
| Gräteg | grantig |
| Griabig | gemütlich |
| Griele | scheußlich |
| griile | schrill, laut schreien |
| Grind | Kopf |
| Grischbala | Spargeltarzan |
| Groata | (gut) geraten |
| gruabe, gruebe | ruhen |
| Grüeba | ausgesottene Speckwürfel |
| gruzge | knarren |
| gschert | ungehobeltes Verhalten |
| Gschläf | Gewand |
| Gscheagget | bunt |
| Gschrüüf | Schraubgewinde |
| Gschwerl | Der Abschaum |
| giat grescht | geröstet |

# G

| | |
|---|---|
| Guatzle | Bonbon |
| guat zuckret | süß |
| Gurre (Gorre) | alte Stute |
| Gutscheball | Gummi Spielball |
| Guutsche | Schaukel |
| Guttre, Guttra | Flasche |
| gwampet | fettleibig |
| Gwand | Kleidung |
| Gweih | für Kuhhörner |

As duats aso        es geht so zur Not

Belder gseid als dong.   Schneller gesagt als getan.

# H

| | |
|---|---|
| Hä? | Wie bitte? |
| Haag | Zaun |
| Hack | Habicht |
| Häfele | Nachttopf, |
| Hägl | Bulle, Stier |
| Hähl | glatt (Eisglatt) |
| Härze | klettern |
| Häs | Die Kleidung, das Gewand |
| Healschi | schönes Wetter |
| Hee | kaputt |
| Heimer | Heuwender |
| Hemadlenz | jemand in bloßem Hemd |
| Henna | Hühner |
| Hennapfrupfa, hennabupfa | Gänsehaut |
| Hennedebbele | kleiner Schritt |
| Hennafiadle | Angsthase |
| Hennehack | Hünerhabicht |
| Hennement | Ausruf der Verärgerung |
| Herrgotsackrament | ein Fluch |
| Hesch | Schluckauf |
| Heudla | Heidelbeeren |
| Hiele | Kücken |
| Hierebiere | Stirnlampe |
| Hiined | herüben |
| Hiire | heiraten |
| hind`rvir, hinterfir | verkehrt, falsch |
| hind`rvozig | gemein |

# H

| | |
|---|---|
| hinderfier | verzwickt, verkehrt |
| hindersche | rückwärts |
| hoba (oba) | oben |
| hocke | hocken sitzen |
| Hofele | langsam, behäbig |
| Hoffahrtsgeuß | Mädchen |
| Hoi | erstaunterr Ausruf |
| Hoigadde, Huigarte | Ratschen |
| Hoken | krummer, schiefer Zahn |
| hong | haben |
| Hongg | Honig |
| Hollemoggele | Kaulquappen |
| Hoselotterer | ein gleichgültiger Mensch |
| Hudlar | sich sehr beeilender Mensch |
| Hudle | schnell machen |
| Hui | Heimat, dahui - daheim |
| Huihocker | Eigenbrödler |
| Huize | die Stangen an denen die Bauern im Sommer das Heu auf dem Feld trocknen |
| Humbele | Himbeeren |
| Hunk | Honig |
| Hutzla | gedörrte Birnen |
| Huusle | sparsam |

# I und J

| | |
|---|---|
| i | ich |
| ibergääge | überkippen (Stuhl) |
| iberhops | ungefähr, beiläufig |
| iibildt | eingebildet |
| Iidder | Euter |
| Iifahrt | Hofeinfahrt zur Tenne |
| iitressiert | geizig, Pfennigfuchser |
| Imbe | Bienen |
| Isblätt | Eisplatte |
| itta | nicht |
| it ganz bbache | geistig beschränkt |
| jeabbamol | manchmal |
| jetzet, | zur Zeit |
| jommre | jammern |
| Jockele | kleine Stechmücke |
| jöiche | scheuchen, jagen |
| Josefle | Bohnenkraut |
| jucken, jucka | springen |
| juutzge jauchzen | juchee schreien |

# K

| | |
|---|---|
| Kachel | (Ton) Schüssel |
| Kachelwäsch | Bidet, Kloschüssel |
| Kägersch | Elster |
| Kähl | wüst, eklig, (geizig) |
| Kalfakter | grober Mensch |
| kaffene, kaffenen | Kaffetrinken |
| Kappe | Mütze |
| karessiere | den Hof machen |
| Käskuche | Sennerei |
| Kätter | Katharina |
| Kaubatze | Kaugummi |
| Kaute Stalloch | Güllegrube |
| Kear | Keller |
| Kellermuche | Kellerasseln |
| Kehnar | Dachrinne, Dachtraufe |
| Kehrwisch | Handbesen |
| Kichre | Bohnen |
| Kichrestiagle | Bohnenstange |
| kiddre | lachen |
| kiiche | keuchen |
| Kiida | Kartoffelkeime |
| Kindele | sich kindisch benehmen |
| Kindsblüemle | Gänseblümchen |
| Kini | König |
| Kipf | längliches Brot |
| Kipple | streiten |
| Kirba, Kirbe | Kirchweih |
| Kircharlitt | Kirchgänger |

# K

| | |
|---|---|
| Kisseziachle | Kissenhülle |
| Kitterfidle | jemand, der gern kichert |
| Kittl | Jacke |
| Kitzebolle, Kitzabolla | Graupeln, Hagelkörner |
| Kitzle | Quarkkugel mit Kümmel |
| Kjörbe | Kirchweih |
| Klammer | große Waldameise |
| Kläschbes | gedankenloser Mensch |
| Klattre | Dreckbatzen |
| klauba, klaube | aufsammeln |
| klocke | klopfen |
| klôse | ein Geschenk zum Nikolausfest |
| Klubbe, Klubba | Wäscheklammer |
| Klumse | Spalte |
| Kluve, Gluve | Sicherheitsnadel |
| knaue | knien |
| Knedlhuibar | Siloballen |
| Knedlschope | Büstenhalter |
| kneischte | stöhnen, jammern |
| kneischte | schwer atmen |
| knickrig | geizig |
| Knobele | Knoblauch |
| Knode | Fußknöchel |
| Knödelschoppen | BH |
| Knöpflar | Spätzlehobel |

# K

| | |
|---|---|
| Knöpfler | Akkordeon Spieler |
| Knuible | knien |
| Kolderar | Raubautz, Polterer |
| Kölla | Kochlöffel |
| k'olte | aufbewahren, aufräumen |
| Koog | Topf |
| Koppe | aufstoßen |
| Kopper | Aufstoßer |
| Krämle | Mitbringsel |
| Krampe | ungezogene Kinder |
| Kratzat(e) | Kaiserschmarr'n |
| krääzebuggele | Huckepack nehmen |
| Krätze | Tragekorb auf dem Rücken |
| Krette, Krätte | Korb |
| kriese | krabbeln |
| Krischbale | schmaler Mensch |
| Krischper, Krisbeer | Kirschen |
| Krise | Schlitten zum Holzen |
| Krome | einkaufen |
| krose | rascheln |
| Krott | Kröte |
| Krottablume | Löwenzahn |
| Krotteblächa | Wiesenampfer, Unkraut |
| Krotteschinder | schlechtes Messer |
| Kruschpel | Kruste |
| Kuahranzanacht | Stockdunkel |

# K

| | |
|---|---|
| Kufer | Koffer |
| Kuhpflädder verscherre | Kuhfladen zerkleinern |
| kuis | keines |
| kuiz | übel, schlecht |
| Kummet | Teil des Pferdegeschirrs |
| Kumpf | Wezsteinbehälter |
| Kuranze | schimpfen |
| Kurre | husten |
| Kuschtre | durchsuchen |
| kut | kommt |
| Kuttla | Gedärme |
| Kuuscht | Kunst |

# L

| | |
|---|---|
| Läätsche | langweiliger Mensch |
| Lach | fad |
| Lache | Pfütze |
| Lachebäre | Jauchekarren |
| Lacheloch | Jauchegrube |
| laddre long | gehen lassen |
| läfere | albernes Zeug reden |
| Läfass | grober Mensch |
| lagg | abgestanden, lauwarm |
| Laggl | Mannsbild |
| Läggl | Spaßvogel |
| lägglig, | ausgelassen |
| Laible, Loible | Plätzchen, Toilette |
| Lälle | dummer Mensch |
| Lamp | schlechtes Frauenzimmer |
| Länder | Schneerutsche |
| Lättsche | plantschen |
| Latsch | schlampiges Frauenzimmer |
| Lätsche | verzogene Miene |
| Lätschi | Faul |
| Latwäre | Marmelade |
| Leabherble | schwaches, krankes Kind |
| leacher | stark hergenommen |
| leatz, leaz | falsch, verkehrt |
| Leazelte | Lebkuchen |

# L

| | |
|---|---|
| Lesch | letzter Schnee |
| Letschti | letztens, neulich |
| Letz | Wunde |
| Leuchte | Stube |
| liche | spülen |
| Lichtle | Pusteblume |
| Liela | Leintuch |
| Liible | Weste |
| Liidt | Leute |
| Litzel | wenig |
| loddre | wacklig |
| loffa | laufen |
| Loibat(e) | Speisereste |
| loibe | übrig lassen |
| Loibele | Abort |
| Loidstuehl | Trauerbank |
| Loimsieder | lahmer Mensch |
| loina | (an)lehnen |
| Lolle | Lumpen |
| Lolletrog | truhenartiger Kasten |
| Lonar | Dübel |
| Londre | Dachschindel |
| loose, lose, losa | horchen, hören, lauschen |
| loreie | Heureihen zusammenrechen |
| Loröija | halbtrockenes Heu |
| Lôtsch | schlampige Frau |
| Lôtsche | schlampiger Mensch |
| Lôtschig | schlampig |

# L

| | |
|---|---|
| Luck | locker |
| Lude | Bewegungsfreiheit |
| Luege | schauen |
| Lugg | locker |
| Luimsiedar, Luimsider | Langweiler |
| Luine | anlehnen |
| Lungr | locker, luftig |
| lupfe, lupfa | heben |
| luure | lauern |

# M

| | |
|---|---|
| Maart | Markt |
| Maarte | Martin |
| mach woile | beeile dich! |
| Mächlar, Mächler | geschickter Bastler |
| Mäddag | Montag |
| Mahde | gemähtes Gras |
| mahr | weich |
| Maie | Blütenzweig |
| Maiestock | Blumenstock |
| Maiestölme | Blumenständer |
| Malefijtz | Schlingel, Bösewicht |
| Maleguß | Hallodri |
| Mammeler | Muttersöhnchen |
| Mampfe | gierig essen |
| manaz, mannaz | morgen |
| mangle | entbehren |
| mantsche | essen |
| Märzeschnäbel | Narzissen |
| Märzenriesele | Sommersprossen |
| Maschgerar | karnevalistisch Verkleideter |
| massig, | grantig |
| Matz | Schimpfname |
| Meangge | jammern |
| Melt | Trog zum Teigkneten |
| Miat | Häcksel |
| Miatmaschin | Maschine |
| migelig | gern gemocht |

# M

| | |
|---|---|
| Migda, Mikta | Mittwoch |
| miihddele | nach Moder riechen |
| Mikkde | Mittwoch |
| Mill | Milch |
| Millbutte | Milchgefäß |
| minder | schlecht |
| Mist | sproite |
| Mistlege | Misthaufen |
| Mistfuder | Mistfuhre |
| Mistdätschar | Brett, mit Mist |
| moagge | jammern |
| moarn | morgen |
| Modepäckle | Ersatzkaffee |
| Moggele, Moggel | große Kälbchen |
| Mögele | liebenswert |
| Molle, Molla | Stier |
| motte | stark rauchen |
| Mottfeuer | starke |
| | Rauchentwicklung |
| muarge | der Morgen |
| muckensäckele | Rucksack für eine |
| | Mücke |
| mugele | angenehm |
| Muggegätter | Fliegengitter |
| Muhägel | leichtes, |
| | Schimpfwort |
| mûldier(ig) | einsielbig |
| mungelebru | braun |
| Müs | Maus |
| Muschbr | munter, wohlgeraten |

# N

| | |
|---|---|
| naa runter | abwärts |
| nächt | gestern |
| Nachtgiggeler | Nachteule |
| Nackadbutz | nacktes Kind |
| Nägele | Nelke |
| Nägge | Rummeckern |
| Nähne | Großvater |
| Nähzirnle | Nähkorb |
| Namas | etwas |
| Nana | Großmutter |
| Närrsch | erzürnt |
| Näs, Nääs | Nase |
| nauf | nach oben, aufwärts |
| naus | heraus, hinaus |
| Naze | Ignaz |
| neabe nuuss due | ehebrechen |
| neangge, nägge | jammern |
| Neijhare | Näherin |
| ni, nei | hinein |
| Nidbittel | Neider |
| Niena | nirgends |
| Nienzg | neunzig |
| Nietzig | nichtsnutzig |
| Nije | Neumond |
| nina | nirgends |
| Nischl | Haarschopf |
| Noi | nein |
| nolle, nulle | auf etwas herumlutschen |
| Nootar | Hungerleider |

# N

| | |
|---|---|
| noote | kärglich leben |
| notig | arm |
| notre | arm tun |
| notschle | lutschen |
| Nudelwaalar | Teigroller |
| Num | hinüber (rum und num) |
| Numma | nicht mehr |
| nune, nunele | ruhen, ausruhen |
| Nussar | Tiroler |
| nutzle | sparsam |
| nuuß, gang nuuß | hinaus, gehen |

# O

| | |
|---|---|
| Oa | wird fast wie wa gesprochen |
| oabre Bleatz | Schneefreie Flächen |
| oardele | ordentlich |
| oargle | die Orgel spielen |
| Oarnung | Ordnung |
| oba (hoba) | oben |
| Obheiter | Wetterlage |
| oba nus ku | den Verstand verlieren |
| obr | sehr glatt |
| Obrate | Dachboden |
| Obschler | Obstler Kernobstschnaps |
| Ochalölö | Äußerung von Schmerz |
| Odeln | Gülle ausbringen |
| Ohmahda | Wissenschaft |
| Ohrwumsler | Ohrwurm |
| oiga | eigenartig |
| onde | sich langweilen |
| Öpfelblümle | Kamillen |
| Orlickerlet | herausbekommen |
| Oschnar | Ostwind |
| Ou | auch |
| Ougsbrame | Augenbrauen |

# P

| | |
|---|---|
| p`fuzge | knallen |
| Pfännle | weinerliche Miene |
| Pfeber | Etwas unterentwickelte Person |
| Pfiatgott, Pfiat di | Behüt dich Gott! Abschiedsgruß |
| Pfitze | Eiterbläschen |
| Pfischte | Pfingsten |
| pfizze | zur Eile antreiben |
| pfizzig | schnell, flink |
| Pfläddre, Pflette | Kuhfladen |
| Pflenne | weinen |
| pflîzge, pfliezge | niesen |
| Pfludde | dicke Frau |
| Pfludre | flattern |
| Pföbarle | Aufzuchtkalb |
| pföbe | behalten |
| Pfose, Pfosa | Schmalzgebäck aus Hefeteig |
| Pfröpflar | Nichtskönner |
| Pfundig | großartig |
| pfurre | herumschwirren, schimpfen |
| pfuse | stark schnaufen |
| Pfutze | kleiner Pickel |
| pfuzge | unterdrückt kichern |
| Pitschierwachs | Siegellack |
| plangge | langweilen |
| plärre | weinen |

# P

| Poschtur | Körpergestalt |
| progle | prahlen |

# Q

| Queschtiona | Beschwerden |
| Quetsche | Arkordion |

# R

| | |
|---|---|
| Ra | herunter |
| Radibutz | restlos, mit Stump und Stiel |
| Rafe, Raafe | Balken |
| Rähelig | ranzig |
| Raller | Mus aus Wasser und Mehl, Salz und Fett |
| ramse | ein besonderes Kartenspiel |
| rämsele | nach Urin riechen |
| Ramsnäs | krumme Nase |
| Rangga | ein großes Stück Brot |
| Rank | Wegbiegung |
| Ranke | Stück Brot |
| Rantsch | Frau, die nicht gerne zu Hause bleibt |
| rantsche, rantscha | viel unterwegs sein |
| Rantscher | Gassenbub |
| Ranze, Ranzen | (dicker) Bauch |
| Ranze(n)pfeifen | Bauchweh |
| Rappadikap | ganz plötzlich |
| Rassel | leichtlebiges Frauenzimmer schusslig |
| rassle, kessle | herumrennen |
| räß | scharf |
| Ratsche | Dorfnachrichten austauschen |

# R

| | |
|---|---|
| Ratschkattl | jemand der sich gerne reden hört |
| Rätsche | Lärminstrument |
| räß | scharf; |
| Read | Sieb |
| reade | sieben |
| Reaf | hölzernes Rückentraggestell |
| Reache | Heurechen |
| Reage | Regen |
| Regendah | Regenschirm |
| Reifle | rennen |
| Reifle, Ronke | Brotrandstück |
| Rennar | Wink mit dem Zaunpfahl |
| Riebbroat | Semmelbrösel |
| Riebele | Kind mit viel Temperament |
| riebig | ruhig |
| Riebl | Maisschmarren |
| Rießbloi | Zimmermannsbleistift |
| Riffl | Handwerkszeug zur Flachsbearbeitung |
| rii, iijar | herein |
| riigschmeckt | zugezogen |
| ripse | sich scheuern |
| rohle | wüst tun |
| Rohler | Schrei |
| ronke | (Brot) großes Stück |

# R

| | |
|---|---|
| roibisch | rau |
| roue | reuen |
| Roßbolle | Pferdeäpfel |
| Roßmugge, Rosamugga | Sommersprossen |
| Ruckar | kleines Fenster |
| rueßle | schnarchen |
| Rufe | Wundschorf |
| Ruech | Nimmersat |
| Ruie, Rui | Wiese um´s Haus |
| rumdrimsele | trödeln |
| rumme, ufrumme | aufräumen |
| ruesle, rüsslet | (fest) schlafen |

# S

| | |
|---|---|
| s'Sach | (das ist was) Gutes |
| s hot brunne | es hat gebrannt |
| Sackjucke | Sackhüpfen |
| Säckl auch Säggl | abwertende Bemerkung |
| Sacktuch | Taschentuch |
| Sägas | Sense |

# S

| | |
|---|---|
| Saggradi, Sapradii | ein Fluch |
| Saiche, saichen uriniren, | regnen, undicht sein |
| Salver | Salbei |
| Sammat | Samt |
| Samschdag | Samstag |
| Santahansbör | Johannisbeere |
| Santahansbörbosche | Johannisbeerstaude |
| Santahanstag | Johannistag (24. Juni) |
| | |
| Schaffen | arbeiten |
| Schäffler | Fassbinder |
| Schalenggar | Fahrer einer Schalengge |
| | |
| Schalingge, Schalengge | Hörnerschlitten |
| Scharmitsel | Papiertüte |
| Schbrigl, Schpriegla | Holzscheit - 25 cm |
| scherre, schärra | (Feuer) schüren, |
| Schelfe | Schale von Obst, Kartoffel |
| | |
| Schelle | Glocke (aus Blech) |
| schiagge | stelzig gehen |
| Schiebling, Schübling | Fleischwurst, Bockwurst |
| | |
| Schieleihe | Wetterleuchten |
| Schier | fast |
| Schiidt | Holzscheit |
| Schiißfidlar | Feigling |
| Schilaiche | Wetterleuchten |
| schlabuche, schlabauchn | heftig, angesatmen |
| schleddre, schlättra | Essen verschütten |

# S

| | |
|---|---|
| Schlätterlumpe | Babylatz |
| schlenze | (weg)werfen, schleudern |
| Schliëfe | schlupfen |
| Schliife | Schleifbahn, (Glatteis) Schmierspur |
| Schliifarnudla | glitschige Nudeln |
| schloipfe | (Füße) schwer am Boden herziehen |
| Schloppe | Pantoffel |
| Schlotter, Schlottr | Dickmilch, dickes Zeug in der Nase |
| schlorgge, schlorpa | schwerfälliger Gang |
| schmirbe | eincremen |
| Schmuddere | Gesichtsfalten |
| Schnäddr | Schwätzer |
| Schnäddrfiddle | Schwätzer, Petze |
| Schnetterbäs | Ratschweib |
| Schnee waten | In hohen Schnee gehen |
| schnipfle, schnipfla | schneiden, schnitzen |
| schnudre | Küssen |
| Schoos | Schürze |
| Schopf | Schuppen |
| Schopfbohle | tierisches Schimpfwort |
| Schpektiv | Fernglas |
| Schpriegla, Schbrigl | Holzscheite |

# S

| | |
|---|---|
| Schranz | Riss in der Bekleidung |
| Schrunden | eingewachsener Dreck |
| Schtändar | Gestell zum Kleider aufhängen |
| Schteage | Stiege |
| Schtrielar | Vagabund |
| schtrize | spritzen |
| schtupfe | mit dem Finger antippen |
| schtuucheweiiß | kreideweiß |
| schtot | steht |
| Schuabat | Bodenkruste |
| Schublad | Unterkiefer, Mund |
| Schuberte | Kruste |
| Schübling (Schibling) | dicke Kochwurst |
| Schumpe(n) | Kalb, Kälber, junges Rind |
| Schwärtling | Abfallbrett beim Sägen |
| Schwonzen | Wedeln mit dem (Kuh)Schwanz |
| Seagas | Sense |
| Seal | selbst |
| seawie | ei laß sehen |
| Sefe | Heidekraut |
| seer (seehr) | eine Wunde die im Abheilstadium ist |
| Seffantune | Josef-Anton |

# S

| | |
|---|---|
| Sehnar | Sieb |
| Seichr, Seener | Seiher, Sieb |
| Selz | Marmelade |
| semsere | zögern, säumen |
| Semserer | säumiger Arbeiter |
| Semsrar | ruhiger Mensch |
| Siach | Schlitzohr |
| Siasslocher | ein Mensch, der gerne Süsses isst |
| Siedere | Rückstand von ausgelassner Butter |
| Siidebeppele | hoffärtiges Frauenzimmer |
| Simse | Bord, Fensterbrett |
| Singat(t)e, Zeste | Birnenbrot |
| Soden | vergeuden |
| Sohler | oberer Flur im Haus |
| sozga | saugendes Geräusch |
| Spekti | Fernglas |
| spicken, schpicka | wegschnipsen |
| spiala, spiale | abwaschen, spülen |
| Spiesgättr | Kommunionsbank |
| Sproite | (Mist) ausbreiten |
| Stiperer | Stangen |
| Stöß | Stulpen |
| Stua, Stui, Stoin | Stein |
| Stupfeln | anstoßen, schmerzhaftes Laufen |
| Straiche | ungezogenes Kind |
| Strähl | Kamm |

# S

| | |
|---|---|
| Sträla | kämmen |
| strengen | arbeitsreich |
| Streib(e), Streue | Heu von Streuwiesen |
| | |
| striele, striehle | davon laufen |
| Stropsar | schlechter Melker |
| Suchte | kränkeln |
| Suckl | Ferkel |
| Suggl | Trinkflasche mit Nuckel |
| | |
| Suntag | Sonntag |
| Suutzel, Sutzel | Jungschwein, Ferkel |
| Suusar, Suser | Weinmost |

# T

t im Anlaut wird immer etwas erweicht ausgesprochen, etwa dt, daher die gewählte Schreibweise.

| | |
|---|---|
| Dtaazapfe | Tannenzapfen |
| Dtafel | Tafel |
| Dtant | Getue, Umständlichkeit |
| Dtanteg | geziert, umständlich |
| Dtatsch | leichter Schlag |
| Dtätsche | Fliegenklappe |
| Dtier | teuer |
| Teilsaul | Teil-verteilen |
| Dtolgge | Tintenklecks |
| Dtrachtar | Trichter |
| Dtrille | Wind, Spielrädchen |
| Dtrimsle | planlos umherlungern |
| Dtrucke | Kiste, Truhe |
| Dtuube | Taube, Fasstaube |
| Trachter | Trichter |
| Trallewatsch | Kasper |
| Trätza | necken |
| Trauf | Dachrinne |
| Trialle | sabbern, aus dem Mund laufen |

# U

Stumpfes u, hohes uu, ü, üü. U wird in manchen Familien, besonders Oberstdorf und Hindelang wie ü gesprochen.

| | |
|---|---|
| Unbändig | unbeschreiblich |
| Übelseanig | blaß (= übel aussehend) |
| übergänd und untergänd | eine bestimmte Stellung des Mondes |
| überku | überkommen |
| übersche | aufwärts |
| uinar, uine, ui | einer, eine, einige |
| uischicht | einzeln, einschichtig |
| uiszmohl | mit einemmal |
| umadrum | rings umher |
| umanand | man ist anwesend, |
| umanandstohre | herumfingern |
| umhäsen | umziehen (Kleidung) |
| Umlauf | Panaritium beim Menschen |
| umriebig, uriebig | unruhig |
| underbrote | eine Brotzeit machen |
| underliats | im Zwielicht, wenn es dämmert |
| Underluft | Westwind, ( kommt von unten ) |
| undersche | abwärts |

# U

| | |
|---|---|
| Unding | Vesper |
| u(n)kommod | nicht geschickt |
| untersieberse | kopfüber |
| usgrenne | verspotten |
| uugfurmed | |
| ungeschlacht | grobschlächtig |
| uurichte | jemand schlecht machen |
| uurui | unrein, nicht vertrauenswürdig |

# V

| | |
|---|---|
| Veah (Vehr) | Oberbegriff für Rindviecher |
| Veahgitter | Kuhgitter |
| Veascheud | Viescheid nach Alpabtrieb |
| Vefle | Genovefa |
| verbärmschtle | jämmerlich |
| verbriechelig | viel brauchen |
| verbrüüchle | nicht sparsam |
| verbudlet | zerknittert |
| verbutze, | mögen |
| verdappa | zertreten |
| verdätscha | zerdrücken |
| verdeppa | verblöden |
| verdlehne, verdleahne | ausleihen |
| verdrohdlet | verwirrt (vom Wollknäuel) |
| verdua | irren, vertun |
| verdwieret, verdwiere | sich verirren |
| vergante | Bankrott machen |
| vergräme | beleidigen |
| vergrenne | auslachen, verspotten |
| vergrote | danebengeraten, mißlingen |
| Verhau, Vrhau | Unordnung |
| verheba | behalten |
| verhornere | zornig werden |
| verklaube | sortieren |
| verkripft | kropfig |

# V

| | |
|---|---|
| verku | begegnen |
| verleatzmule | sich versprechen, |
| verlese | aussortieren |
| verlickerle | dahinterkommen |
| verlîde | aushalten |
| Verlitt | Mühe, Anstrengung |
| verloidele | langweilig |
| verloidet | man mag es nicht mehr |
| vernöt | eilig |
| vernunet | eingeschlafen |
| verrumme | aufräumen |
| verpfitze | entwischen |
| verscharre | vergraben |
| verscherre | verteilen |
| verschliëfe | Dinge tun das, wenn man sie sucht |
| verschlieffe, verschliafa | sich verstecken, verschwinden |
| verschmättere | angeben |
| Verschnäddere | verklatschen, zu lange reden |
| verschnölle | platzen |
| verschprîdle | Brennholz machen |
| verseggle | schimpfen |
| versiiffe | ersäufen |
| versuuffe | ertrinken |
| versode | vergeuden |
| verstohlen | heimlich |
| vertrinne | entkommen |

# V

| | |
|---|---|
| verzwazlet | ungeduldig |
| vielverliedig | mühsam |
| v'rzwingen | man ist satt |
| voanazue | nebenbei |
| Voardele | oberer Hausgang |
| Voarnächt | vorgestern |
| voartelhäfteg | vorteilhaft |
| Vorfeand | vor zwei Jahren |
| Voreasse | Streifen vom Pansen( Saure Kutteln) |
| vürse | vorwärts |
| Vöijele | Veilchen |

# W

| | |
|---|---|
| Waale | sich wälzen |
| Waam | warm |
| Waase, Wase | gestochener Torf, Grasstück |
| Waasabolla | gestochen Wiesenstücke |
| Wädel | Waden |
| Wadelspanner | Muskelkater, Wadenkrampf |
| Wägeler | nicht ganz trockenes Heu |
| wäh | nobel, vornehm |
| Wäldar | Bewohner des Bregenzer Waldes |
| Wälderloch | Region des Bregenzer Waldes |
| Wampe | dicker Bauch |
| waplse, wapsle | zappeln |
| war | würde |
| Watsche | Ohrfeige |
| Weaffe | werfen |
| weages denam | deswegen |
| Weahdag, Wehdag | Schmerzen |
| Weaftag | Werktag |
| Weapse | Wespe |
| Weat`rhahne | Barometer |
| Wehrle | lebhaft |
| Wekedierebosche | Wacholderboschen |
| wela | welcher |
| wepfe | vormelken |

# W

| | |
|---|---|
| wiascht | hässlich |
| Widergunde | kurze Unpäßlichkeit |
| Wîdrestengel | Wiesenkerbel |
| Wiib | Frau |
| Wiiberlar | Weiberheld |
| wimsleg | flink, regsam |
| Wingbeer | Rosinen |
| wîse | ein Kindbett-geschenk geben |
| Wittling | Wittwer |
| Wittfrou | Witwe |
| Wohdle | flattern |
| Wohle | wälzen |
| woile | schnell |
| wöleweag, wöllaweg | trotzdem, erst recht |
| woll woll | ja ja |
| Worb | hölzerner Ring, Sensenstiel |
| Worbe | mit der Hand treiben |
| Wuahlig | arbeitswütig |
| Wuchaend | Wochenende |
| Wüetera | Wasserschierling |
| wulle | nicht aus der Ruhe zu bringen |
| wundergeal | neugierig |
| wundergearn | neugierig |
| Wuusch | Wunsch |
| Wüüsche | wünschen |

# Z

| | |
|---|---|
| z dind hong | eine Menge Arbeit haben |
| Zäalte | Birnenbrot zur Weihnachtszeit |
| Zabi | Spitzhacke |
| Zadde | Reihen beim Heuen |
| Zähmed | zusammen |
| zähmedzupft | aufgetakelt |
| zähmuulig | zähmaulig |
| Zaije | Hagelkorn |
| Zamse | herlocken |
| Zantehansbeer | Johannisbeeren |
| Zapfla, Zapfen | Schnuller |
| Zärflar | Mensch der gern streitet |
| Zärfle | sich streiten |
| Zasa | locken |
| Zeadel | Zettel |
| zenne, zänne | weinen |
| Ziach | Bettbezug' |
| Zibebe | Rosine |
| Ziblele | Zwiebel |
| Ziefer | Ungeziefer |
| Zieg`r, Ziegr, Zigre | Quark |
| Ziesdag | Dienstag |
| Zinken | zu groß geratene Nase |
| ziitle | bei Zeiten |
| zinzle | mit dem Feuer spielen |

# Z

| | |
|---|---|
| Zirne | Weidenkorb |
| zirne, zore | Zürnen, Wüten |
| zmohl, zmahl | mit einem mal, plötzlich |
| Zoan | Zorn |
| Zocke | (rum)zucken |
| Zodel | wenig |
| Zoije | Flocken |
| Zorabank'r | Jemand, der jähzornig ist |
| Zubätersch | Schrägzaun im Herbst |
| Zuinde | Holzkorb |
| zunahte | dämmern |
| zuloose | zuhören |
| zuzle | saugen |
| zwapsle | zappeln |
| Zwîflar | Regen- oder Sonnenschirm |
| Zwischbadinna | dazwischen |

# Zahlwörter

| Allgäuerisch | Hochdeutsch |
| --- | --- |
| Ois | 1 |
| Zwoi | 2 |
| Drei | 3 |
| Vier | 4 |
| Fimf | 5 |
| Sex | 6 |
| Sihbe | 7 |
| Achd | 8 |
| Nei | 9 |
| Zeea | 10 |
| Elf | 11 |
| Zwelf | 12 |
| Dreizee | 13 |
| Vierzee | 14 |
| Fuchzee | 15 |
| Sächzee | 16 |
| Sibzee | 17 |
| Achzee | 18 |
| Neizee | 19 |
| Zwanzg | 20 |
| Dreißg | 30 |
| Vierzg | 40 |
| Fufzg | 50 |
| Sächzg | 60 |
| Sihbezg | 70 |
| Achdzg | 80 |
| Neinzg | 90 |
| Hundrd | 100 |

| | |
|---|---|
| Daused | 1000 |
| Zehedaused | 10000 |
| Hundrd daused | 100000 |
| A Million | 1000000 |

# Wochentage

| Allgäuerisch | Hochdeutsch |
|---|---|
| D Wuchedääg | Wochentage |
| Määdag | Montag |
| Afdrmäädag | Dienstag |
| Miggde | Mittwoch |
| Donschdig | Donnerstag |
| Freidig | Freitag |
| Sambsdig | Samstag |
| Sonndig | Sonntag |
| Werfdääg | Arbeitstage |
| Feidääg | Feiertage |
| Di vorig Woch | letzte Woche |

So fast hammers

# Brauchtümer

Viehscheid

Beim Viehscheid erlebt man ein Stück alter allgäuer Tradition. Die Hirten kehren zurück ins Tal.

Bei Morgengrauen haben sie sich auf den Weg zum Almabtrieb gemacht: Rund 100 Tage weideten Jungtiere und das Milchvieh auf den saftigen Bergwiesen im Allgäu im September.
Das Gras auf den Bergwiesen gibt der Milch und dem Käse den einzigartigen, würzigen Geschmack. Die Weidewirtschaft hat lange Tradition im Allgäu

Jedes Jahr bringen die Hirten die Tiere, bevor der Schnee kommt, zurück zu den Bauern. Angehörige und viele Gäste erwarten am Morgen gespannt die Ankunft der Tiere und Hirten. Noch bevor man sie sehen kann, hört man das Schellen und Glockengeläut beim Almabtrieb. Dann erreichen die Kühe, Ziegen, Pferde und Schweine das Tal. Alle Augen suchen das „Kranzrind", das die Herde beim Almabtrieb anführt. Der aufwändige Kopfschmuck sagt aus, dass es keinen Unfall mit den Tieren gab.
Auf dem Scheidplatz werden die Herden „geschieden", d.h. getrennt: Der Hirte gibt die einzelnen Tiere nach der erfolgreichen Rückkehr ins Tal dem jeweiligen Besitzer zurück
Dann beginnt das große Fest. Zuerst losen die Hirten die großen blechernen „Scheidschellen" unter sich aus.
Dann wird noch bis in die Nacht im Zelt getanzt.

## Klausentreiben

Am 5. und 6. Dezember treiben dann die jungen
männlichen Einwohner ihr Unwesen.
Verkleidet mit Gewändern aus verschiedenen Pelzen und
Fällen über den ganzen Körper, Masken und Hörner auf
dem Kopf und riesigen Schellen und Glocken um die
Hüfte, rennen sie durch die Strassen und verscheuchen
und verschrecken mit ihrem lauten Glockenlärm die
bösen Geister, Dämonen und Schatten.
Ausgestattet sind sie mit Ruten. Es gibt kräftige Hiebe
für freche Zuschauer.
Am 6. begleiten sie meistens den Nikolaus ins Dorf, der
den Kindern Mandarinen und Nüsse bringt.
Urlauber sollten sich dieses Spektakel auf jeden Fall
einmal bei einem Glühwein und einem selbstgemachten
Klausenmännle ansehen und miterleben.

## Funkenfeuer

Am Abend des ersten Sonntags nach Faschingssonntag brennen auf vielen Hügeln im Allgäu große Feuer. Die sogenannten "Funken".

Sie werden aus Holzbalken, Reisig, altem, dürrem Holz, Stroh, Heu, Christbäumen und anderen brennbaren Material aufgeschichtet, welches die Landjugend vorher sammelt.
In der Mitte wird an einer Stange die selbstgenähte, oder aus Stroh gebastelte "Funkenhex" aufgehängt.
Der Funken ist einen Tag vorher schon fertig und wird streng von der Jugend bewacht, damit nicht jugendliche vom Nachbarort kommen und den Funken vorzeitig anzünden.

Am Funkensonntag ziehen die Dorfbewohner und Zuschauer dann bei Dämmerung, mit Fackeln zum Funken. Wenn sich alle versammelt haben und es richtig dunkel ist, kommt der große Augenblick. Der Funken wird entzündet. Höhenpunkt ist, wenn die Hexe zu brennen beginnt und in den Flammen aufgeht.
Wenn der Funken nicht richtig brennt, in riesigen Flammen aufgeht und die Hexe nicht richtig verbrennt, wurde das früher als schlechtes Omen betrachtet.

Früher galt es mit dem Funkenfeuer den Winter zu vertreiben und böse Geister abzuwehren. Heute ist es meist ein geselliger Anlass um zusammen zu kommen und gemeinsam Glühwein und die heißbegehrten "Funken-Kiechla" oder "Ausgzogne" zu genießen.

# Ebbes zum nachkoche

Allgäuer Kässpatzen

500g Mehl (Spätzlemehl ist sehr gut, muss aber nicht)
5 Eier
⅛ Liter Mineralwasser
etwas Salz und Pfeffer
150g Käse würzigen Bergkäse
100g Anderen Käse
100g Käse (Weißlacker), oder Romadur
3 große Zwiebel(n)
Butter
viel Wasser (Salzwasser)

So goats

Die Zwiebeln schälen und in kleine Würfel schneiden. In reichlich Butter bei mittlerer Hitze richtig dunkel werden lassen.

Das Mehl in eine Schüssel sieben. Eier, Mineralwasser und eine gute Prise Salz hinzufügen. Traditionell wird der Teig von Hand geschlagen, kann aber in der heutigen Zeit auch gerne mit einem Rührgerät bereitet werden. Je nach Konsistenz mit Wasser oder Mehl nachhelfen.

Sobald der Teig "Blasen schlägt" ist der Teig fertig und kann noch etwas ruhen.

In der Zwischenzeit den Herd, mit einer Auflaufform darin, auf ca. 80°C vorwärmen und einen großen Topf mit reichlich Wasser aufsetzen und zum Kochen bringen. Den gesamten Käse reiben und vermengen. Das Wasser salzen.

Den Teig portionsweise in den Spätzlehobel füllen und die Spätzle ins Wasser hobeln. Aufpassen, dass die Spätzle nicht am Boden des Topfes festbacken. Sobald die Spätzle an der Wasseroberfläche schwimmen noch ca. 30 Sekunden ziehen lassen. Dann mit einem Schaumlöffel die Spätzle abschöpfen und in die vorgewärmte Auflaufform geben. Darauf eine Lage Käse. Dies wird wiederholt, bis der Teig verbraucht ist. Noch den Rest Käse und Butterflocken darauf.

Zum Schluss die gebräunten Zwiebeln auf die Kässpatzen verteilen und 20 min in den Backofen dann servieren. Dazu einen, grünen Salat und ein kühles Bier.

An guaten!

I weiss no an Witz

Drei Allgäuer sitzen am Stammtisch, da kommt ein
Urlauber rein und fragt nach dem Bahnhof. Die Allgäuer
geben keine Antwort. Dann fragt er in englisch, klappt
wieder nicht, ok er probierts noch in italienisch und
französisch. Nachdem er wieder keine antwort bekommt
geht er kopfschüttelnd. Sagt der eine Allgäuer dann: „der
kann aber viele Sprachen". Stellt der andere Allgäuer
fest: „genützt hats aber nichts".

Etz isch g. stuhlet